Mein Ego

und ich

Matthias der Frohpoet

Mein Ego und ich

.

Gedichte
aus der
Selbsterkenntnis

Lyrik

Impressum

Bibliografische Information der Deutschen Nationalbibliothek:
Die Deutsche Nationalbibliothek verzeichnet diese Publikation in
der Deutschen Nationalbibliografie; detaillierte bibliografische
Daten sind im Internet über http://dnb.d-nb.de abrufbar.

Vorwort: Siegfried Trebuch

Korrektorat: Monika Köhler

Coverfoto: Matthias der Frohpoet

Herstellung und Verlag: BoD – Books on Demand, Norderstedt

ISBN: 9783758312137

Inhalt

Es ist nicht wichtig, was du tust,
sondern was
du
dabei
f ü h l s t.

A n o n y m

Vorwort

In einer Welt, in der Selbstreflexion oft von der lauten Kakophonie des Alltags übertönt wird, ist es eine erfrischende und notwendige Reise, sich auf das Wesentliche zu besinnen. "Mein Ego und ich" lädt Sie ein, genau das zu tun – sich mit Ihrem Innersten zu verbinden und die Facetten Ihrer eigenen Existenz zu erkunden. Dieser Gedichtband ist keine bloße Ansammlung von Versen, vielmehr ist er ein Wegweiser auf der Reise zur Selbsterkenntnis.

Die Gedichte in diesem Buch sind Spiegelbilder des menschlichen Geistes und der Seele. Sie durchdringen die Schichten des Egos, um die Essenz des wahren Seins freizulegen.

"Mein Ego und ich" geht über die individuelle Erfahrung hinaus und öffnet Türen zu einer Gesellschaft, die von göttlichen Prinzipien geleitet wird. Die Gedichte erkunden die Verbindung zwischen dem persönlichen Wachstum und dem Streben nach einer harmonischeren Welt, in der Werte wie Liebe, Mitgefühl und Verständnis regieren.

In einer Zeit, in der das Streben nach materieller Sicherheit oft den Blick auf das Innere verstellt, erinnert uns dieses Buch daran, dass wahre Erfüllung nur durch Selbstakzeptanz und spirituelle Entwicklung erreicht werden kann. Es lädt uns ein, uns selbst zu entdecken und gleichzeitig zur Schaffung einer Welt beizutragen, die von unserer inneren Göttlichkeit geleitet wird.

Siegfried Trebuch
März 2024

Allen

Helfern

danke

DIE GEDICHTE

= Morgenroutine =

Früh setz ich mich zum Segnen,
zur Kerze und zum Licht,
nachdem im Badezimmer,
die Zahnhygiene spricht.

Nachdem im Badezimmer
die Zahnhygiene spricht,
setz ich mich früh zum Segnen,
zur Kerze und zum Licht.

= Frauenplausch =

Des Abends treffen Blicke
mein Wesen im Café,
als ich, von der Terrasse,
verschmitzt nach drinnen seh.

Mein innres Stimmchen frag ich,
wie ich's am klügsten mach.
„Setz dich ans Nebentischlein."
Das mach ich gleich danach.

Dem Frauenplauschlein lausch ich.
Die Wolken ziehn in Ruh.
Im Innen scheint die Sonne.
Ich lächle leis dazu.

= Endlich ehrlich! =

Heut treff ich mich mit Annika
und morgen mit der Hilde.
Der Sven legt sich zur Svenja und
die Antje ist im Bilde.

= Tausend kleine Präsidenten =

Wenn die großen Präsidenten
alle schwer erziehbar sind,
find ich dafür eine Lösung:
in mir selbst, und zwar geschwind.

= Befriedung des Egoleins =

Heut wird es ungemütlich
im trauten Innenweltlein.
Schon wieder? Ja, schon wieder,
und dieser Reim mir fällt ein.

Im G'müsfach gähnt die Leere
und Arbeiten zu tun sind.
Das Ego schreit, s'sei logisch,
dass es da keine Ruh find.

Doch weise hält der Käpt'n
das Ruder seines Schiffes.
Längst kennt er die Gefahren
der Strudel und des Riffes.

So darf im vierten Strophlein
das Ego sich befrieden.
Gewahrt sind Ruh und Güte,
die kleine Schlacht entschieden.

= Und bald darf das Innenleben =

Manchmal dringt ins Tal der Schatten
Lichtgold für die Orientierung
mir ins Blickfeld, und ich spüre
Mut und neue Kalibrierung.

Dann geht's weiter mit Vergeben,
Zulassen und Integrieren,
und bald darf das Innenleben
wieder freudvoll funktionieren.

= Das Schönste =

Licht atme ich ein am Abend,
wie ich sitz im Restaurant,
nachdem ich im Tal der Schatten
wieder auf die Wegspur fand.

Liebe lad ich mir ins Feld ein,
als ich wieder atme aus,
und die höchsten Energien
machen dann das Schönste draus.

= Täglich eine Schicht =

Jeden Tag ein Schichtlein,
täglich eine Schicht
bürst ich aus dem Pelz mir
voller Zuversicht.

Drinnen scheint das Lichtlein,
drinnen scheint das Licht,
dass es eines Tags sich
ganz ins Außen bricht.

= Morgens freut mich der Kaffee =

Morgens trink ich den Kaffee
schon zu früher Stunde,
als die Sonnenkugel sich
hebt zur Tagesrunde.

Altes Scham- und Schuldgefühl
darf gezielt verblassen,
und ich widme wieder mich
meinen Kaffeetassen.

Morgens freut mich der Kaffee
schon zu früher Stunde,
als die Sonnenkugel sich
hebt zur Tagesrunde.

= Mein Ego und ich =

Manches Mal bekommt mein Ego
gar nicht, was es gerne will.
Dann darf ich dies kontemplieren
und beobachte es still.

Oft seh ich dann etwas später,
wo der Sinn verborgen ist,
und das ist dann, wenn mein Ego
freudig seinen Schmerz vergisst.

= Rosenstrauß =

Wie freu ich mich auf den Abend
mit der neuen süßen Maus.
Leis schenk ich ihr in Gedanken
einen ersten Rosenstrauß.

= Angedeiht =

Manchmal schmiede ich Gedanken
für den nächsten Sonnentag
und frag meine Geist'ge Führung
nach dem höchsten Glücksbetrag.

Allem stets zum höchsten Wohle
und im Geist der Liebeskraft
kommen zu mir dann Impulse.
Kurz darauf ist's fast geschafft.

Dann bring ich in die Materie,
in die feste Stofflichkeit,
was mein Coach aus Geist'ger Eb'ne
mir voll Freude angedeiht.

= Frühlingsblütenstrauch =

Sachte öffnet sich die Knospe
an dem Frühlingsblütenstrauch.
Dann die zweite und die dritte,
und die vierte schließlich auch.

= Wechselpräpositionen =

Leis klopf ich an deine Türe
hinter, auf und unter dir,
über mir spür deine Schätze,
schenk zwei sanfte Küsse dir.

Kuschle mich an deine Seite,
hör dein Atmen neben mir,
schenke dir ein weit'res Küsschen
und bekomm selbst drei dafür.

= Rosenblütenblätter =

Zu Haus dank ich dem Deva
der Rosenkreatur,
verwahr die rote Blüte
und mach mich in die Spur.

Nach zwei Begrüßungsküsschen
voll Freude klopft mein Herz.
Drauf laufen wir bald grienend
zu zweit schlafzimmerwärts.

Ein Stündlein später dank ich
der Rosenkreatur,
dazu dem Pflanzen-Deva
und mach mich in die Spur.

= Dezembergedicht =

Heute, im Dezember,
schreib ich ein Gedicht,
das von kühlem Wind und
Apfelsinen spricht.

Letzt're hängen freudig
an dem grünen Baum,
und vor mir, im Tässlein,
glänzt der Kaffeeschaum.

Mandelmilch, wie immer,
hier im Reimgedicht,
das von kühlem Wind und
Apfelsinen spricht.

= Kühler Wind =

Kühler Wind weht durch die Lande.
Dies berührt mich nur am Rande,
denn schon erster Sonnenschein
hüllt den Tag in Goldlicht ein.

= Des Vollkommenen Lebens =

Für ein vollkommenes Leben
schenk dir deinen Becher ein,
doch nimm statt des fermentierten
dir vom ungegor'nen Wein.

Liebt die ERDE, schätzt die Tierwelt,
trachtet nach dem inner'n Licht,
und lasst diesen wicht'gen Wegstein
für die ferne Zukunft nicht.

Die Geheimnisse des LICHTS lernt
in der Jetzt-Inkarnation,
statt dies stetig zu verzögern
für ein späteres Äon.

= Kreisend geht die Tintenfeder =

Kreisend geht die Tintenfeder
über weißes Schreibpapier
und erzählt in kleinen Zeilen
etwas von der Zukunft dir.

Dabei bist DU der Gestalter;
wohin du dein Augmerk lenkst,
ist, womit du dich in Bälde
und dein Lebensfeld beschenkst.

Schreiend geht der Fernsehkasten
und erzählt von Krieg und Leid,
wer ihm auf den Leim geht, bleibt in
3D davor ungefeit.

Dabei seid ihr die Gestalter;
wohin ihr den Fokus lenkt,
ist, womit ihr euer Dasein
und das Kollektiv beschenkt.

Kreisend lenkst du deine Feder,
wie Gedanken auf Papier.
Du belebst sie mit Gefühl und
malst so deine Zukunft dir.

Denk an Pipi mit den Zöpfchen,
Longsocks sie auf Englisch heißt
und als Pipi Calzaslargas
in die Kinderherzen reist.

Drei mal drei mal sechs macht neune;
nun bedenke deine Macht
in dem Wissen, was dein Wirken
auf dem Blauplanet entfacht.

Wählst du Hunger, Krieg und Leiden,
dann zu jener Energie
lenke deinen eignen Fokus,
nimm sie an und ernte sie.

Wählst du FRIEDEN in den HERZEN,
LICHT und GÜTE für die Welt,
dann sei all dein Tun und Wirken
auch entsprechend aufgestellt.

Tatort, Alkohol, Der Alte,
Rambo, Werwolf, Wust und Wahn
sind im Narrativ zu Hause
und der Angstwelt Untertan.

Vogelzwitschern, Kinderlachen,
Wohlergehn und Blumenblühn
sind im Gegenzug die Früchte
HERZ- und LICHTKONFORMER Mühn.

Drum setz deinen Fokus weise,
denn du bist der Schreiberling,
der sich stets sein eignes Los wählt,
auch wenn er sich drin verfing.

Drum geht kreisend meine Feder
über weißes Schreibpapier
und berichtet von dem LICHTSCHEIN,
der da leuchtet auch in dir.

Freue dich, oh GÖTTERFUNKE,
spüre, wie die Gänsehaut
die Erinn'rung stimulieret,
lächelt und den Stress abbaut.

Größre Werke sollt ihr tuen,
eine Große Seele sprach,
und die selben GÖTTERSCHÄTZE
liegen in uns Menschen brach.

Hebt sie, bringt das LICHT zum Scheinen
und bedenkt, dass „Papa Hahn"
in die HERZKRAFT ruft die Seinen –
hier spricht er uns alle an.

Findet euer Tor nach Drinnen
in die Selbsterkenntniswelt.
Schaut euch tief in eure HERZEN,
jenseitig von Macht und Geld.

Jene, die das Booklein kennen,
wissen ums Gespräch vorm Tal,
und wer vorm Herodes floh, gab
euch ein Beispiel jenes Mal.

Nun lauscht weise eurer STIMME,
welche stets den Wegstein kennt,
der euch hin zur LIEBE führet
und den Pfad ins Glück euch nennt.

Blickt auch über euren Teller,
und in jedem Nachbarland
habt ihr euch in eurem Nächsten,
Bruder, Schwester, selbst erkannt.

Kreisend geht der frohe Schreibstift
übers Sonnenschriftpapier
und trägt in die eigne Zukunft,
was zuvor ich wähle mir.

= Gütig in der Jetzt-Welt =

Wenn du deine größte Liebe
in des Nächsten Frau erkennst,
trachtest du nach ihrem Besten,
ohne, dass du dich verrennst.

Alles Menschsein ist verbunden,
alle Quanten wohlverschränkt,
und du sendest in dein LEBEN,
was dein Denkerstübchen denkt.

Überprüfe stets auf REINHEIT,
und hast du ein inn'res JA,
sind vielleicht auch dessen Zeichen
gütig in der JETZT-Welt da.

= Dass ich dich fragen könnt =

Bildlich habe ich dich gestern
in die Wüstenwelt geschickt,
da mein inn'res Herzensuhrwerk
gegenwärtig anders tickt.

Brauch ich einmal deine Nähe,
weil's mein Stimmlein mir so nennt,
denk ich an dein Angebot und
weiß, dass ich dich fragen könnt.

= Con AMOR =

Puede que, en un futuro,
un favor te pediré,
donde poner en las aguas
otra cosa que el pie.

Puede que también lo pida
a dos encarnadas más,
para preparar la tierra
y dejar algo atrás.

Todo sea con Aprecio,
no importa el color.
Lo que es imprescindible
es que sea con AMOR.

= Gleichmut =

LICHT ich denk und atme ein,
LIEBE, und ich atme aus,
schaue auf den zehnten Stein
und was freudig wird daraus.

Neben mir das Krokodil
taucht gemütlich durch den See
und zwinkert komplizenhaft,
wie ich auf dem Trittstein steh.

LICHT ich denk und atme ein,
LIEBE, und dann wieder aus,
und die Höchste LIEBESMACHT
formt alsdann das Schönste draus.

= Und dann trotzdem funktioniert =

Manchmal will dies schöne Leben,
dass du einen Test bestehst,
auch wenn du gefühlt durch eine
Welt voll Mist und Sch-Kram gehst.

Wisse dabei, dass das Leben
stetig jenes präsentiert,
was am Anfang schwierig aussieht
und dann trotzdem funktioniert.

= Richtung Wachstum =

Danke, liebes Leben, dass
du mir Hindernisse schenkst,
dadurch meine Muskeln stärkst
und mich Richtung Wachstum lenkst.

Manchmal scheint die Bühne schwer,
doch da ich dem LICHTLEIN trau,
weiß ich's mit der Schwierigkeit
letztlich gar nicht so genau.

= LIEBESLICHT =

LICHT und LIEBE atme ich
freudvoll ein und wieder aus,
und das GOTTESLICHT in mir
formt sein äuß'res Abbild draus.

Dabei gleicht die Hochfrequenz
all das Tieffrequente an,
das im LICHT gebadet wird
und sich transformieren kann.

= Eine Höh're Sprache spricht =

Wie ich mit der LICHT- und LIEBES-
Atmung durch die Schatten geh,
sind es Prüfungen in Gleichmut,
welche ich erfreut besteh.

Ferne seh ich Blitze zucken,
seine Wellen hebt das Meer,
und ich bin in meiner Mitte
mit dem Filmlein nebenher.

Alle Bilder lass ich kommen,
tauch sie ein ins GOTTESLICHT,
dass all jenes nach der Wandlung
eine Höh're Sprache spricht.

= Das nächste Schrittlein =

Viele Samenkörner sind es,
die ich in mein Weltlein sä'.
Später stehn dort starke Bäume
und der vierblättrige Klee.

Wenn zwei Kraftfelder sich einen,
eine Energie entsteht,
die, wenn bestens sie gelenkt ist,
munter auf ihr Ziel zugeht.

Viele Samenkörner sind es,
die ich in mein Weltlein sä'.
Wohlgelaunt nutz ich die Ernte
und das nächste Schrittlein geh.

= Odysseus =

„Bindet mich an diesen Schiffsmast
und stopft Wachs euch in die Ohren.
Dann hör der Sirenen Lied ich
und euch geht's komplett verloren."

Also nehm ich die Euronen,
22 an der Zahl,
lasse sieben, schenke 15
und sag „bis zum nächsten Mal."

= GÖTTINNEN =

Endlich, scheint es, habe ich,
einen Weg entdeckt,
wo die Käseglockenwelt
bröckelt, wankt und leckt.

Seltsam ist, dass Wörter wie
Scheide, Sex und Frau
negativ behaftet sind –
schaun wir mal genau.

„Diese Dinge sollt ihr tun,
größere sogar",
legte Meister Jesus laut
Quellen offenbar.

Hat er nicht sogar die Frau'n
rehabilitiert,
welche keinen Treueschwur
selbst zuvor signiert?

Ist vielleicht das Tor der Frau
Tor zu einer Welt,
wo des Rachegottes Macht
schlicht zusammenfällt?

Warum gibt's im Vatikan
keinen kleinen Hans
in der Skulptur-Kollektion,
und der Rest blieb ganz?

Bricht gelebtes Sexpläsier
innre Mauern auf,
und der Klerus hält vor Angst
dort sein Händchen drauf?

Frau'n als „Hexen", Zölibat
und Inquisition,
Seelenheil per Flammentod
wundern mich da schon.

Ist der Rachegott vielleicht
jetzt, beim Shift der Welt,
machtlos, da sein Kartenhaus
einstürzt und zerfällt?

= Guten Tag, Frau Göttin =

Guten Tag, Frau Göttin,
welches schöne Licht
mir aus Ihren Augen
von der Sonne spricht.

Gracias, Caballero,
ja, in Griechenland
bin ich aufgewachsen,
nah bei Meer und Strand.

Gerne werd ich Ihnen
Ihren Wunsch gewährn,
wenn Sie gleich zuvor das
Zahlgerät beehrn.

So zahl ich die Freiheit,
welche ich bewahrt,
die mir, dank der Göttin,
einen Ring erspart.

= WAHRHEIT =

Einstens fragt' die Köchin,
wie die Suppe schmeckte.
Ich fasste Vertraun und
nichts vor ihr versteckte.

Einstens fragt' die Freundin,
woran ich grad dachte.
Mutig sprach ich aus, was
sie in Rage brachte.

Sind wir schon gereift, der
Wahrheit Klang zu hören,
ohne uns an ihrer
Ehrlichkeit zu stören?

= Blütenmeer =

Während du die Augen schließt,
küss ich deine Hände,
deine zarten Wimpern und
deinen Po behände.

Als du wieder um dich schaust,
siehst du dich inmitten
eines kleinen Blütenmeers
gelber Margariten.

= Blümchensex =

Das schöne Laken hab ich
mit Blüten dekoriert.
Die Maid darf heut ganz Maid sein,
und ich schau, was passiert.

= FREIHEIT =

Dein süßes schwarzes Oberteil,
die dunkle Hose, blond dein Haar.
Dein warmes Herz, ein erster Kuss,
wärmende Hände – wunderbar.

Sanft das Hallo, so schön dein Po,
Konzept der Freiheit sowieso.
Aus deinen Augen scheint das Licht,
das deiner Seele Sprache spricht.

So sanft der Sex und deine Haut,
dein Wesen neu und doch vertraut.
Mit Wertschätzung und Dankbarkeit
streich dir durchs Haar, dank für die Zeit.

Nur Deal – kein Ring, kein Traualtar.
Ein Ausgleich, HERZ, ganz wunderbar.
Das Zimmer für die nächsten Zwei.
Gesegnet seist du, und ich FREI.

= Das Twix danach =

Später, wenn wir fertig sind,
hab ich für uns noch ein Twix.
Ist das etwas, was du magst,
oder ist das eher nix?

Oh, ein Twix – wie wunderbar.
Ohne das werd ich nicht gehn.
Gut, dann gibt's danach das Twix
und dann das Auf Wiedersehn.

= Brav und nicht brav =

Frauen sind sehr gut zu leiden,
und ich lern, zu unterscheiden,
wem ich gegenübersteh,
wenn ich Ihr ins Antlitz seh.

Da gibt es die eine Sorte,
welche stets an bravem Orte.
Diese hütet Haus und Herd
und ist manchmal Goldes wert.

Sie wird Beischlaf dir gewähren,
darf sie deine Hand beschweren,
doch sie fordert, ganz allein
deine Märchenfee zu sein.

Dann gibt's auch die zweite Sorte,
die zu Haus an andrem Orte
und dir deine Freiheit lässt,
auch wenn du den Fjord benässt.

Sie wünscht keinen Ring am Finger,
sperrt den Mann in keinen Zwinger,
und hast du ein reifes HERZ,
ist die FREIHEIT ohne Schmerz.

= Zur besten Zeit =

Manchmal möcht' ich etwas sagen,
dir ein kleines Feedback geben
und zum allerbesten Zeitpunkt
diese Welt ein Stücklein heben.

Oft vergehn dann ein paar Wochen,
aber letztlich ist's soweit:
Ich fühl deines HERZENS Lächeln,
und dann war's zur besten Zeit.

= Ewige Jugend =

Möchtest du das Weglein gehen,
das zum Quell der Jugend führt,
schau, dass deine inn're Flamme
dein komplettes SEIN berührt.

Hierfür Tag um Tag entfache
deines HERZENS Liebeslicht,
dass es deine innren Fesseln
und sich ganz ins Außen bricht.

Si tú quieres ser Princesa
a una edad mayor,
hol mit deinem ganzen Fokus
deine Zellleuchtkraft hervor.

Lasse alle Zweifel gehen,
deine Schlacken brenn zu Gold,
denn so ist's in deinem Bauplan
und vom LEBEN selbst gewollt.

= Herzintelligenz =

Wenn einst Sex als heilig gilt,
GOTTESGLEICH und anerkannt,
ist die Herzintelligenz
Steuermann im Erdenland.

= Wenn das Kollektiv sich hilft =

Wenn sich alle Menschen helfen
und einander Brüder sind
oder Schwestern auf dem Erdball,
atmet auf das Christuskind.

Dann ersteht es in den Herzen,
und im Blauplanetenland
jeder Mensch in seinem Nächsten
auch sich selber wiederfand.

= Seelenanteil =

Wie ich auf dem Straßenbänkchen
in den Pinienschatten rück,
ankere ich in mir selbst und
spüre tiefes inn'res Glück.

Denn ein altes Stücklein Trauer
endlich seinen Raum gewinnt.
Dort darf sich das Energiechen
wohlfühln, worauf es beginnt,

in den Frieden zu gelangen
mit sich und der Innenwelt,
wodurch sich der Seelenanteil
dann zu mir zurückgesellt.

= Niemand ist der Buhmann =

Schwere destruktive Trauer -
dies schau ich mir an genauer
und erspäh manch früh'res Mal
tiefen Leids und inn'rer Qual.

Heut beschließ ich, LICHT zu atmen
plus zu segnen, und nach drei
Stunden meines Mittagsschlafes
ist's noch lange nicht vorbei.

Da tut sich ein goldnes Weglein
auf in der Gedankenwelt,
wie ich's in den Ausdruck bringe
und werd innerlich erhellt.

Statt das Gefühl wegzudrücken,
werd ich es kanalisiern
und aus der Natur im Umland
alten Glasmüll aussortiern.

Sofort weiß sich angenommen
das gestaute Potenzial.
Niemand ist der Buhmann hierfür -
weder heut noch nächstes Mal.

= In einer Welt der LIEBE =

Fröhlich glitzert mir die Sonne
ins noch schläfrige Gesicht,
und mein SEIN speichert voll FREUDE
noch mehr vom Photonenlicht.

Alte Muster und Programme
sehen sich am Scheideweg.
Alles, was auf Teilung zugeht,
ist, was ich zur Seite leg.

Denn am Ende ist der König
seinen Untertanen gleich,
und in einer Welt der LIEBE
ist er an Bewusstsein reich.

= Aus dem Herzen =

Träumerisch schaun deine Augen
mir ins schläfrige Gesicht.
Manchmal zeichnen sie in Bildern,
was ich ahn und sehe nicht.

Schwärmerisch schaun meine Augen
in dein träumendes Gesicht.
Leise zeichnen sie in Bildern,
was mir aus dem Herzen spricht.

= Befreit den Fluss! =

Wenn der Fluss in seinem Bett ist
und der König heimgekehrt,
schlägt mein Herz im Takt der FREIHEIT,
die es für sein Glück begehrt.

Wenn der König heimgekehrt ist
und der Fluss in seinem Bett,
wohnt das GLÜCK in meinem Herzen,
wie ich's jetzt gern immer hätt.

= Die Rückkehr des Königs =

Wohnt das GLÜCK in meinem Herzen,
ist der König heimgekehrt.
Energie fängt an zu fließen,
und die Welt sieht sich entschwert.

Dürfen Energien fließen,
so ein tiefes Glück beginnt,
wo das LICHT in allen Herzen
strahlen darf und Kraft gewinnt.

= Das Yuca-Palmchen und der Spatz =

Friedvoll steht das Yuca-Palmchen
in dem weißen Blumentopf
und reckt in das Blau des Himmels
seinen Grünblattbüschelschopf.

Munter scheint das Sonnphotonlicht
in das kräft'ge Blätterwerk,
neben welchem ich, gefiedert,
einen kleinen Spatz bemerkt.

= Seelenwachstum =

Manchmal sehnt sich meine Seele
etwas nach Erholungszeit,
um all das zu integrieren,
was grad integrierbereit.

Dann genieß ich die Kaffeechen,
Käsekuchen, und alsdann
stehn wieder aktive Schritte
für das Seelenwachstum an.

= Gefühlchen =

Danke schön, Gefühlchen :),
du darfst einfach SEIN,
und ich laufe durch den
Wintersonnenschein.

= Nachmittag =

In braunen Blumentöpfen
Bananenbäumchen stehn
und sind neben dem Kaktus
recht tropisch anzusehn.

Dahinter stehen Palmen
im Wintersonnenwind.
Die Sonne wandert weiter,
der Nachmittag beginnt.

= Schilfgewächs =

Das Schilfgewächs drückt munter
gegen den Straßenstein,
vergrößert sein Gebiet und
steht bald im Sonnenschein.

Dort kommt der neue Rohrwuchs
und reckt sein Grün ins Blau,
weswegen ich denselben
am Rand des Fußwegs schau.

= Ein Stück Formalität =

Es trennt der Zaun die Straße
von dem Naturgebiet,
weshalb man zwischen beiden
den Straßenzaun heut sieht.

Doch manchmal ist solch Draht nur
ein Stück Formalität,
und gern das Schilfrohr leise,
das Maschenwerk umgeht.

= Pinienbaum =

Der Pinienbaum steht wohlvergnügt
und wirft den breiten Schatten
in etwa dorthin, wo wir ihn
schon einmal gestern hatten.

Dort steht also der Pinienbaum
vom Licht und Wind umwehet,
und der Poet nach dem Gedicht
vergnügt nach Hause gehet.

= Telepathie =

Wenn ich alles lesen könnte,
ob ich wollte oder nicht,
dränge alles ungefiltert
in den Fokus und ans Licht.

Wer dann Wahrheit stets beteuert,
zeigt durch seine Intention
seine wahre inn're Absicht,
und so stirbt die Lüge schon.

= Seit ich LICHT und LIEBE atme =

Seit ich LICHT und LIEBE atme,
spür ich in mir eine Kraft,
die in mir ein Feld der FREUDE
und der Wohlgefühle schafft.

Da braucht's keinen neuen Lustkick,
keine starke Emotion.
Irgendwie kann ich nun warten,
und das alles fügt sich schon.

Weiter pfleg ich die Gewohnheit
mit der LIEBE und dem LICHT,
und so kommt zum rechten Zeitpunkt
auch das Passende in Sicht.

= Danke schön, Kaffeechen =

Danke schön, Kaffeechen,
heut mit Haferschaum
kost ich dein Aroma
nah beim Palmenbaum.

Hellrot ist der Himmel,
und das Morgenlicht
einen neuen Tag mit
Sonnenschein verspricht.

Danke schön, Kaffeechen,
nah beim Palmenbaum
kost ich dein Aroma
heut mit Haferschaum.

= Seelenplan =

Vielleicht wirst in deinem Leben
du dein Glück zum Guten wenden,
und vielleicht gibt es zwei Wege,
Leid und Mühsal zu beenden.

Freiwillig könntest du schauen,
wo du alte Krusten brichst,
auf die Herzensstimme hören
und ein neues Webwerk flichst.

Dennoch könntest du auch warten,
bis dein Stolz gebrochen wird
und du willst, dass Selbstverachtung
schließlich deinem Kopf entschwirrt.

Du kannst aber auch verharren,
bis dein Schiff gesunken ist
und dein GOTTESFUNKE letztlich
anderswo sein Flägglein hisst.

Dadurch bist du Mitgestalter,
und dein eigner Seelenplan
letztlich auch in andren Welten
zur Entfaltung finden kann.

= Kaffeechen =

Wo die Palmenwedel grün sind
und der Samstagskaffee schmeckt,
habe ich ein freies Plätzchen
unterm Wolkendach entdeckt.

Freudig hüpft das Spatzenvölklein,
das bei mattem Sonnenlicht
ist auf ein paar Weißbrot-, Kuchen-
und auf Kekskrümel erpicht.

So geht leis die Wolkendecke
in dem lauen Januarwind.
Unter bester Milchschaumkrone
längst ich das Kaffeechen find.

= Beim Pulloverkauf =

Mir gefällt dieser Pullover,
und ich spür ein kleines Nein.
Dieses stellt sich ganz respektvoll
telepathisch bei mir ein.

Scheinbar fühlt sich alles gut an,
aber eben nur zum Schein,
und bald merk ich: diese Größe,
eine M, ist mir zu klein.

= Ehre das Gefühl in dir =

Da ist dieses junge Mädchen
und sofort ein Widerstand,
welcher sich im Innenweltlein
und in meinem Fokus fand.

Ich beschnüffle das Gefühl und
merke einen alten Schrei,
will die Furcht ergreifen, aber
damit wär es nicht vorbei.

Nach dem Anfangsschreck entsinne
ich mich dieser Strategie.
Nachher gibt's das Siegerlächeln.
Vorhang auf – und hier ist sie:

Das Gefühl heiß ich willkommen
und halt brav die Hufe still,
denn es ist ein wicht'ger Bote,
der mir etwas zeigen will.

Was der Bote sagen möchte,
steht auf einem andren Blatt,
doch, kommt Energie ins Fließen,
vieles seinen Frieden hat.

Ich erlaube das Gefühlchen
und die Phantasie darf sein.
Hab ich dieses angenommen,
zeigt sich neuer Sonnenschein.

= Kleine Auszeit =

Wenn eine Blockade aufbricht,
rüttelt's manchmal im Gestühl.
Vielleicht rüttelt's sogar meistens,
per Gedanke und Gefühl.

Wenn der Kurs dann korrigiert wird
und die innre Richtung stimmt,
darf die Physis nachziehn und sich
eine kleine Auszeit nimmt.

= Mit tiefem Glück =

Was ich einmal abgelehnt hab
oder hintern Schrank gekehrt,
bleibt dort, und in spätrer Zukunft
nochmal Bauchschmerzen beschert.

Gerne zeigt sich's über Bilder,
wenn dann aus der Alltagswelt
irgendetwas ‚ungebeten'
zu mir in das Blickfeld schnellt.

Wenn ich mir dann dafür Zeit nehm
und ihm meine Liebe schenk,
bin ich es am Ende selbst, wen
ich mit tiefem Glück bedenk.

= Viel größres Glück =

Wenn etwas verboten ist,
stellt vielleicht die Frage sich:
Wem nützt das Verbotlein und
fühlt sich's gut an oder nich'?

Manchmal zeigt sich später dann
das Tabulein sinnentleert
und die Herzensstimme hat
mir viel größres Glück beschert.

= In den Sternen =

Wenn da mal ein Konfliktlein ist,
gibt's vielleicht viele Türen,
die in neue Erfahrungswelten
und zu Outcomes führen.

Manchmal gibt's nebst der Lösung dann
noch irgendwas zu lernen.
Was das ist, zeigt sich hinterher –
zuvor steht's in den Sternen.

= In die Tiefe =

Danke, LIEBE. Danke, LICHT.
Freudvoll pflege ich den See,
wo auf dem Erkenntnisweg
ich ganz in die Tiefe geh.

Wie der Müllberg kleiner wird,
zeigen alte Themen sich,
die noch zur Bearbeitung,
und dann manchmal schüttelt's mich.

Doch auf dem Erkenntnisweg
ich ganz in die Tiefe geh
und, sobald die Wellen still,
mehr vom innern Schatze seh.

= Das fleißige Bienchen =

Es nimmt das fleiß'ge Bienchen sich
jetzt einen Ruhetag,
da es nach so viel Arbeit heut
einmal relaxen mag.

= Um mir selbst treu zu sein =

Weil's vielleicht zu exotisch ist,
wenn ich so freundlich bin,
mal ich das Folgende einmal
mir in Gedanken hin.

Auf die Serviette zeichne ich
ein kleines Sonnenbild
und schreib darunter GRACIAS, weil
es meinen Hunger stillt.

Den Hunger nach mehr Herzlichkeit,
und um mir treu zu sein,
bleibt's bei dem kleinen Reim, und v'lleicht
lass ich das Andre sein.

= 's Ergebnis =

Im Nebel liegt der Pinienhain
zu früher Morgenstunde,
und zwitschernd sind die Vögel nebst
der Sonne mit im Bunde.

Nach zwei Kaffeechen der Poet
zu Fuß ein Rundlein drehet.
Sein Freund, der Schreibstift, tut's ihm gleich.
Hier ihr 's Ergebnis sehet.

= Fühlertierchen =

Wenn's morgens noch sehr zeitig ist
und taubenetzt die Hecken,
sieht man im Fenchel und im Gras
heut dies: auf Pirsch die Schnecken.

Kühn gehn die Fühlerchen nach vorn
und spürn, was im Visier.
Hierfür ist alle Zeit der Welt,
genau wie grad bei mir.

= Zu neuen Höhen =

Wie lob ich diese Freiheit mir,
mir eine Frau zu wählen,
sie einzuladen und wir gleich
von Beischlaf uns erzählen.

Wie ich's mag und wie sie's gern hätt
und was vielleicht tabu ist,
falls es das gibt, und dass dabei
im HERZ entspannte Ruh ist.

Denn eines hab ich wohl bemerkt:
Seit ich mir FREIHEIT schenke,
ist es mein Lebensglück, dass ich
zu neuen Höhen lenke.

= Noch liebevoller =

Wie hab ich dich verzaubert heut
und hohes Glück bescheret
uns zwein, als ich mein Täschlein Gold
um ein Geschenk entleeret.

Ganz herzkonform gab's einen Weg;
den ging ich, und dein Lachen
wird uns im HERZEN diesen Tag
noch liebevoller machen.

= Synchronisationssonnenstrahlen =

Vielleicht hat unsre Sonne jetzt
Besonderes zu tun
und wird, bis dies vollbracht, auch nicht
einmal am Sonntag ruhn.

Dir dank ich, Hohe Wesenheit,
denn die Planetenkinder
erfahren Wachstum und der Mensch
entwickelt sich geschwinder.

= Nach dem Schluss =

Wenn's Kollektiv durch Krisen geht
und die Konflikte flammen,
gibt's, eh der Phönix neu ersteht,
erst Schiffsbruch, Crashs und Schrammen.

Denn dann bricht weg und crasht und schrammt,
was erstmal crashen muss.
Wofür das gut war, sehen wir
dann bald schon nach dem Schluss.

= Kinderlachen =

In dieses fröhliche Gesicht
des Blondschopfs schau ich und zag nicht,
dass diese neue Energie
mit destruktiven Mustern bricht.

= Was und was nicht =

Wie ich so an den Frieden denk
im Herzen und im Kopf,
werd ich empfänglich für Ideen
und ruhig unterm Schopf.

Dann lausch ich der Intuition,
das Wollen ist auf Urlaub schon,
und das Signalchen spricht,
was zu tun und was nicht.

= Wenn man ein bisschen wartet =

Manchmal braucht's eine Lösung,
ein andermal ein Ziel,
doch gerne etwas Höh'rem
ich Vorrang geben will.

Denn wenig hilft das Plündern,
weil's nachhaltiger ist,
wenn man ein bisschen wartet
und Hast und Stress vergisst.

= Danke, Lao Tse =

Wenn ich mir Frieden wünsche
auf dieser Erdenwelt,
schau ich: wie ist's um diesen
denn in mir selbst bestellt?

Dann lass ich sein das Rennen,
das Hasten, und schau still,
wie ich am besten selbst erst
mein HERZ befrieden will.

= Das Gute ins Kröpfchen =

Der Monat ist zu Ende
und ich mach Inventur.
Was nützt mir zur Entwicklung
und was frisst Speicher nur?

Schnell habe ich gelichtet
und freudig aussortiert.
Das Gute darf ins Kröpfchen
und weg, was nur blockiert.

= Würdest du … ? =

Wie wäre denn dein Leben,
könntest du Großes tun
und alle Kleinheit würde
im Fotoalbum ruhn?

Das Sehnen und das Bangen
und Kranksein wärn vorbei?
Nie mehr belogen werden
und alle Menschen frei.

Was könnt' der Menschheit dorthin
wohl noch im Wege stehn?
Und, wär dies Weglein gehbar,
würdest du's gerne gehn?

= Dass dein Potenzial wach wird =

Könnt' es sein, dass alles Hasten
wirklich keinen Sinn ergibt,
weil, was deine Seele möchte,
Andres zur Entfaltung liebt?

Dass du hasten darfst und rennen,
aber dass du dich verfängst,
wenn du deine innre Stimme
durch Geschäftigkeit beengst?

Vielleicht wünscht das LEBEN selber,
dass du „Größre Werke" tust,
doch dein Potenzial erst wach wird,
wenn du friedvoll in dir ruhst?

= Geh ins Vertrauen =

Es ist Freitagabend.
Freitagabend ist es.
Was gibt's heut zu tun noch?
Nichts? Genau, das ist es.

Dann bleibt auf der Liste,
einfach zu vertrauen
und sich die Entspannung
näher zu beschauen.

= Die schönste Lösung =

Viele Dinge wärn zu tuen,
vieles, was ich machen könnt,
doch der Weg wird schmaler, und nur
eins mir wahre Ruhe gönnt.

So kommt nach drei Wartetagen
manchmal dieser Glücksmoment,
der mir mit dem Bestgefühlchen
dann die schönste Lösung nennt.

= Viel bessre Werkzeuge =

Wie gern würd es in mir planen,
managen und kontrollieren,
doch am Ende wolln die Dinge
so nicht länger funktionieren.

Deshalb fleißig kultiviere
ich mein trautes Innenland
und hab so, frei von Verschleiß, viel
bessre Werkzeuge zur Hand.

= Sieben Tage =

Sieben Tage darf ich warten,
bis erneut ich dich bedenk,
deine Haut und deine Lippen
wieder mit mir selbst beschenk.

= Zu mir in Gefühlen spricht =

Schreib der Laura nicht vor Dienstag -
bitte hör auf das Gefühl,
weil es sich sonst einfach noch nicht
richtig gut anfühlen will.

Hier kommt der Verstand ins Trudeln,
doch auch er hat längst gelernt:
wenn er jetzt sein eignes Ding macht,
er sich nur vom Glück entfernt.

Deshalb wird die Laura warten,
vielleicht wartet sie auch nicht,
doch ich weiß, dass dieses Leben
zu mir in Gefühlen spricht.

= Mandelspaziergang =

Mit Mandeln aus dem Haus ich geh
und mit dem Schalfruchtknackgerät.
Die Sonne wärmt den Rücken mir.
Noch tut sie das. Nachher wird's spät.

's wird spät dann, etwas kühler auch.
Dazu auch etwas dunkler meist.
So wandert der Poet vors Haus,
den Abend und das Feld bereist.

= Ein Kaffee pro Tag =

Wenn mal Sparen angesagt ist,
heißt's: nur ein Kaffee pro Tag,
und ich bin ganz überrascht, wie
gern ich mich dran halten mag.

Dann gibt's mehr vom eignen Kühlschrank,
der Spaziergänge sind's drei,
und wenn's später wieder Tag wird,
eilt erneut Kaffee herbei.

= Sonnentag =

Freudvoll grünt der Eukalyptus,
Blätterwerk und Knospen dran.
Davor steh ich wie ein kleines
Kind und schau das Bäumchen an.

Heitres Vogelzwitscherklingen,
und bei schönstem Himmelblau
ich mir all die vielen Wunder
dieses Sonnentags beschau.

= Es schleicht vorbei die Miezekatz =

Es schleicht vorbei die Miezekatz
und stellt ins Sonnenlicht sich.
Dann kommt in meine Nähe sie,
und darauf sie entwich, sprich:

Sie geht unter das Laubgewächs,
die Sonne weiter scheinet,
und der Poet 's Szenario
zum Reimgedicht vereinet.

= Feigenbaum =

Noch stehet karg der Feigenbaum
und leis die Vorjahrsblätter
im Graswerk knistern vor sich hin
zum Wintersonnenwetter.

Dazu bemerke ich Besuch
und still das Katzi grüße.
Der Feigbaum füllt die Winterluft
mit Feigbaumduft und Süße.

= In nicht so fernen Zeiten =

Keramikwerk hab ich entdeckt,
und hier schien's schnell zu gehen,
tat man das Umland und das Feld
mit selbigem versehen.

Dies weitet mir den Horizont,
denn neue Möglichkeiten
erahn ich für solch Material
in nicht so fernen Zeiten.

= Mandelspaziergang (2) =

Erneut heißt's mit den Mandeln,
dass vor die Haustür geh ich
und mit dem Knackgerätlein
für Schalenfrücht' verseh mich.

Die Sonne wartet längstens
und's Grau beiseite schiebet,
so wie's mir auf dem Felde
am Nachmittag beliebet.

Verzehret sind die Mandeln
und meine Runden dreh ich,
bis wieder durch die Haustür
an das PC-lein geh ich.

= Pipi-Gedicht =

Für ein Pipilein ist's soweit.
Ich halt den kleinen Mann bereit.
Zur Erde geht das warme Nass.
Los lass ich, und schon rieselt das.

= Das Wohlgefühl =

Was wünscht das leise Stimmlein sich?
Was wünscht die leise Stimme?
Ich lausch erneut in mich hinein
und froh den Weg erklimme.

Heut durft' es ein Gespräch sein,
und freudvoll scheint das Licht.
Dabei halt gutgelaunt ich
das Wohlgefühl in Sicht.

= Wie ich aufs Wohlgefühllein =

Wie ich aufs Wohlgefühllein
hör und ihm Raum verleih,
fließt mir mehr Energie zu
und wird das HERZ mir frei.

Was zuvor schien unmöglich,
stemm ich mit leichter Hand
und hab auf diesem Weglein
viel von mir selbst erkannt.

= Dass du wieder fließt =

Danke schön, Gefühlchen,
dass du wieder fließt
und nach langem Stau dich
ins System ergießt.

Dort speist du dich ein und
bei erneutem Fluss
ist es etwas Höh'res,
das nun kommen muss.

Danke schön, Gefühlchen,
du bist wieder frei
und die Repressalie
somit jetzt vorbei.

= Von dem innern Himmelsstern =

Eines Tags kam dies Impulslein:
Verschenk einhundert Euronen.
Zweifel wühlten, doch bald sollte
mich das Leben reich belohnen.

Zwei begann ich loszulassen,
gab sie in den Ew'gen Kreis
und erhielt ein innres JA mit
viel Erleichterung als Preis.

Etwas wirr schien der Impuls mir,
doch die Botschaft kam ganz klar
und das Gefühl der Befreiung,
das war einfach wunderbar.

Vor mit tat sich eine Tür auf,
und ich folg dem Weglein gern.
Froh vernehme ich das Lächeln
von dem innern Himmelsstern.

= Die Scheuheut überwindet =

Wenn's schließlich Freitagabend ist,
darf der Computer ruhn
und die Kaffeemaschine hat
dann allerhand zu tun.

Der Schwarztrunk mit dem Milchschaum drauf
sein Weglein zu mir findet,
und flink das Wochenendgefühl
die Scheuheit überwindet.

= Die letzte Instanz =

Deine süße Na-na-na
ist's, woran ich denke,
worauf meinen Fokus ich
und mein Blicklein lenke.

Deine schönen Na-na-nas
sind's, woran ich denke,
worauf meinen Fokus ich
und das Blicklein lenke.

Auch dein süßer Na-na-na
ist's, auf den ich schaue,
geh nach innen und dann ganz
dem Gefühl vertraue.

= Goldes wert =

Wenn schon jemand bei dir ist,
werde ich dich lassen
und mein Schauen mit einer
Anderen befassen.

Dies Prinzip ist Goldes wert,
doch wenn Er mich fragte,
sich mein Auglicht auch zu dir
und Euch beiden wagte.

= Dank Göttlicher Prinzipienwelt =

Verschmitzt verspür ich deinen Blick
und wie komplizenhaft
dein schelmisch Lächeln seinen Weg
in meinen Radius schafft.

Ich seh das Mädchen, spür die Frau
und fühle dein Begehren –
oder das meine, welches die
Hormone mir bescheren?

Als Schelm schau ich verschmitzt zurück,
befrag mein HERZ und weiß, das Glück
sich mehr und mehr zu mir gesellt
dank Göttlicher Prinzipienwelt :).

= Himmelsstern =

„Wie gestalt ich's Wochenende?",
frag ich mich und ahn behände,
wie ich mit mir selbst verbleib,
womit mir die Zeit vertreib.

Meinen Blick wend ich nach innen –
freudig darf die Zeit verrinnen –
und erspür: der Himmelsstern
leuchtet mir das Weglein gern.

= Jenes keine Rolle spielt =

Wenn das Himmelssternlein leuchtet,
gibt es für mich dies zu tun:
Sobald ich den Lichtschein wahrnehm,
darf das Denkerstübchen ruhn.

Oftmals bricht mit dem Gelernten,
was das innre Licht empfiehlt,
doch je mehr sein Leuchten fortwäscht,
jenes keine Rolle spielt.

= Wie ich mit Gelerntem breche =

Wie ich mit Gelerntem breche,
ist es eine innre Welt,
welche, eh sie neu erstehn wird,
manchmal erst zusammenfällt.

Dann dürfen die Angstlein rühren,
doch zum Showdown, vor dem Schluss,
ist's das Heer der Negativchen,
das dem HERZLICHT weichen muss.

= Die Sprache des Lebens =

Guten Tag, ich bin dein Körper,
und ich bin ein Spiegel dir.
Was im Leben du zu tun hast,
siehst du reflektiert in mir.

Gibt es etwas aufzulösen,
frisch, oder vergangnes Leid,
bin als Dolmetscher der SEELE
ich dir treu zum Dienst bereit.

Spürst du an mir einen Makel,
bin ich ehrlich, und du kannst
Krummes gradebiegen, wenn du
dein Haupt und dein Herz bemannst.

Jedes Mittel, jede Pille,
nur an andren Ort verschiebt
etwas, was du lernen solltest,
auch wenn es dir nicht beliebt.

Nutze dieses Wissen weise,
denn ich bin ein Spiegel dir.
Was du seelisch repariern musst,
zeigt sich reflektiert in mir.

= Und das Andre lass bei dir =

Danke, dass du mich gefragt hast,
dass du zahlst für den Kaffee.
Sei so gut und sag mir, was dein
HERZ dir zeigt und ich nicht seh.

Gern – ich dank dir für die Frage.
In mir drängt es, dass ich dir
gerne wieder den Kaffee schenk
und das Andre lass bei dir.

= Und nicht dem kleinen Hans =

Wenn das Ego „Ich brauch Sex!" schreit,
manchmal es mein HERZ beengt,
weil es mich dann mit sich ziehn will
und in seinem Netz verfängt.

Hier heißt's, mit dem Kopf zu denken
und zu lauschen der Instanz,
die als weises Glied der Kette
spricht – und nicht dem kleinen Hans.

= Von dem JA bis hin zum Nein =

Wenn dein Körper noch so süß ist
und besonders zu mir spricht,
frag ich meine HERZ-Antennen,
ob ich's tun darf oder nicht.

Schaff ich es dann, klar zu denken,
kommt die Antwort still herein
und kann etliches bedeuten –
von dem JA bis hin zum Nein.

= Innere Versöhnung =

Wie ich mir das Nein betrachte,
spür ich einen Stolperstein,
der da liegt im Innenweltchen,
und schalt meinen Fokus ein.

Vielleicht darf ich etwas anschaun,
was ich lange fortgekehrt.
Ich versöhn mich mit mir selbst und
wieder heilt ein innrer Herd.

= Und bald wieder sprudelt sie =

Langsam wird der Blick mir klarer,
und ich find im Innenreich
Bilder mit Tabu-Gefühlen
wie in einem alten Teich.

Lang schon stand das Fließgewässer,
und die innre Energie
kommt heut endlich in Bewegung,
und bald wieder sprudelt sie.

= Mein Garantiechen =

Wenn ich einmal etwas vorhab,
darf in Stille ich erspürn:
Wohin könnt' die Reise gehen
und wohin dies Weglein führn?

Wenn auf tiefer Seeleneb'ne
dann das Wohlgefühl erscheint,
habe ich mein Garantiechen,
dass das GLÜCK sich mit mir eint.

= Was schon immer da war =

Nochmal seh ich die Suse,
Konstanze und Kristin
und lass all diese Bilder
über den Himmel ziehn.

Heut bau ich ab die Mauern,
erlaub und lass geschehn,
dass die Romanz-Szenarien
ganz ihrer Wege gehn.

Sanft küss ich ihre Hände,
die Lippen und den Mund
und leis tun mir die Frauen
all ihr Begehren kund.

Im Zelt und auf dem Teppich,
im Urlaub und am Strand
entdeck ich all das Sehnen
und halt ich ihre Hand.

Am Ende der Geschichte
lad ich die Heilung ein,
und was schon immer da war,
darf heute endlich sein.

= Mikroweltlein =

Froh scheint die Mittagssonne
durch Wolken auf den Hain.
Dort stehen all die Pinien
im Grün mit sich allein.

Doch wenn ich zu den Bäumchen
mit offnem Auge geh,
ein ganzes Mikroweltlein
ist's, was ich dort erspäh.

= Noch klarer =

Zu den beiden Palmenbäumchen
setz ich mich zur Mittagszeit,
atme ein des Windes Frische
und halt Heft und Stift bereit.

Ferne gehn die schweren Wolken,
und das Tropfenmeer wäscht rein.
Nach dem Wind- und Regenschauspiel
wird mein Blick noch klarer sein.

= Zwei Wochen =

Zwei Wochen sind noch, bis erneut
ich deinen leisen Atem spür,
die Küsse deiner Lippen fühl
und deine zarte Haut berühr.

= Noch 14 Tage =

Noch 14 Tage, bis du sanft
mein SEIN und meine Haut berührst,
wir uns ein Nest bau'n und erneut
du in dir meine Wärme spürst.

= Völlig neuer Wind =

Wenn es einmal nicht mehr dran ist,
täglich arbeiten zu gehn,
kann man sich die Lebenszeit mit
etwas Anderem besehn.

Wenn erst Glück und Ew'ge Jugend
etwas ganz Normales sind,
weht auf dem Planeten ERDE
auch ein völlig neuer Wind.

= Relativ =

Wacker steht die grüne Pflanze
und bewacht das Restaurant,
wo vor dessen Eingangstüre
sie zur Linken sich befand.

Doch weil alles relativ ist,
sieht der Dichter, als er geht,
als von draußen er zurückschaut,
dass sie auch zur Rechten steht.

= Wenn du dir dein Feld bereitest =

Wenn du dir dein Feld bereitest,
send dein Energiechen aus
und gemäß der innern Prägung
wird das äußre Abbild draus.

Wünschst du dir ein andres Abbild,
andre Energie send aus,
und ganz nach deiner Entsprechung
wird dann auch was Andres draus.

= Blauplanetwelt =

Neues Leben kommt zur Erde,
Leben höh'rer Energie.
Sanft dringt diese in den Boden,
wurzelt, grünt, drauf blühet sie.

Auf die Blüte folgen Früchte,
neue Samen sich ergehn
und so ist die Blauplanetwelt
bald in neuem Licht zu sehn.

= Noch ein Frohkaffeechen =

Noch ein Frohkaffeechen,
noch ein Frohkaffee,
mit dem ich mir heute
meinen Tag beseh.

Duftend steht die Tasse
vor mir auf dem Tisch,
und mein Freund, der Wind, weht
um die Nase frisch.

Hierauf folgt dann später
noch ein Ginkgo-Tee,
mit dem ich mir heiter
meinen Tag beseh.

= Kleine Schritte =

Der Wind zeigt auf ein Thema,
das Thema mit dem Müll.
Im Tiefflug kam die Tüte,
da handelte ich schnüll.

Nun ist sie weg, die Tüte,
die Welt ein bess'rer Ort.
Mehr seh ich, meine Güte,
doch die ist schonmal fort.

= Wart' noch 15 Tage =

„Wart' noch 15 Tage",
sprach es leis zu mir
und ich den Termin schob
ein Stück fort von hier.

Als ich damit Ruh fand,
krümmte sich die Zeit
und, ganz überraschend,
stand ich vor der Maid.

= An meinem Blick allein =

Dank der innern Arbeit wächst
die Gelassenheit
und ich bin von Leid und manch
innerm Druck befreit.

Makelchen im Außen
kann ich stille sehn
und schaff's, mich dabei in
Gleichmut zu ergehn.

So lass ich respektvoll
Fehler Fehler sein.
Vielleicht liegt's ja auch an
meinem Blick allein :).

= Und später wird's dann groß =

„Ich schreib dir heute Abend",
„und ich vielleicht zur Nacht."
Schon atme ich erleichtert –
dies Tagwerk ist vollbracht.

Ein Samenkörnchen leg ich
dem Leben in den Schoß.
Dort gieße ich's und pfleg es,
und später wird's dann groß.

= Gelassenheit =

Respektvoll blick zum Palmbaum ich,
der wedelt recht behände
über dem Straßenbauasphalt
und übers Bordsteinende.

Dann lass das Bäumchen Baum ich sein –
froh wiegt es sich im Winde,
derweil ich zum Kaffeechen mich
am Nachmittag befinde.

= Hüterinnen =

Wenn der Wind die Wolken glättet
und die Staubpartikel gehn,
ist in malerischer Schönheit
auch der Palmenhain zu sehn.

Voller Anmut glänzt im Sonnlicht,
wer unter dem Himmelszelt
bald zum Sternenschein bei Neumond
wacht über die Grashalmwelt.

= Und dauerhaft das Müllgedöns =

Die Wilde Malve steht verdutzt
am Rand neben der Straße,
wo ihr der Müll zu Füßen liegt
vom Rumliegengelasse.

So darf der Mensch der Jetztwelt v'lleicht
noch wachsen und noch lernen
und dauerhaft das Müllgedöns
woandershin entfernen.

= Ginkgo-Tee =

Jetzt, wo es draußen spät wird
und's Taglein schlafen geht,
statt weitren Kaffees vor mir
der Tee vom Ginkgo steht.

Im Kännchen glänzt der Aufguss
in hellem Bernsteingold,
und froh die Sonnenkugel
zum Horizonte rollt.

= Selbsterkenntnis =

Kannst du dir vergeben,
kannst du dir verzeihn,
wenn du ein Tabu brichst,
um dich zu befrei'n?

Wenn du Lanzen schrottest
und das Splitterwerk
sich allmählich auftürmt
wie ein Schutterberg?

Vielleicht ist's das Beste,
was du tuen wirst,
weil du so den Müllkrams
in dir selbst entwirrst.

= Kapitän =

Wenn du Müll und Schatten
in dir lösen kannst,
wird mehr Platz, damit du
selbst dein Schiff bemannst.

Wer als Käpt'n selbst am
Steuerrade steht,
lenkt ganz anders mit,
wohin die Reise geht.

= Lebenskahn =

Voller Freude fährt der Kahn
übers Lebenswasser,
und was einstens wichtig war,
wird zum Teil nun blasser.

Manchmal schau ich selber
mir dann ins Gesicht,
und die früh're Prägung
mag den Wandel nicht.

Doch lenk ich voll Freude
meinen Lebenskahn
und das Wellenwogen
legt sich wieder dann.

= Wer hat sich das wohl ausgedacht? =

Manche Prägung meckert kräftig,
dass es schwere Sünde wär,
gäb ich meine Unschuld und auch
meine Blauäugigkeit her.

Was als Knabe ich gelernt hab,
sei solides Weltgesetz
und es würde alles bersten,
so ich selbiges verletz!

Doch ich lern, dass LICHT und LIEBE
dem System sind immanent
und die Energie der LIEBE
Sündkonzepte gar nicht kennt.

= Wachstum =

Eine neue Pflanze schickt ihr
Wurzelwerk ins Erdenreich
und tut dieses 1 zu 1 den
ält'ren Pflanzenkindern gleich.

Doch trägt jenes neue Pflänzlein
in sich eine Energie.
Diese hebt den Status quo, und
Wachstum – das bedeutet sie.

= Den Kurs des Schiffleins =

So du sanft den Kurs des Schiffleins
deines Lebens korrigierst,
freu dich auf die neuen Outcomes,
auf die du jetzt zuflanierst.

Neue Samen brauchen anfangs
deine Pflege, aber bald
wächst aus deinen Pinienkernen
ein solider Pinienwald.

= Zeitenwende =

Respektvoll seh ich einen Teil
der Welt im Sumpf versinken,
doch vielleicht bringt dies mehr als stetes
Lahmen, Schmolln und Hinken.

Wenn etwas nur im Kreis sich dreht,
entsteht eine Spirale,
doch irgendwann geht's tiefer nicht
am tiefsten Punkt im Tale.

Dann lohnt sich's, wenn gebrochen wird
der Stillstand, und ein Ende
markiert ja auch den Neubeginn
und eine Zeitenwende.

Der Autor über sein Schaffen
und sich selbst

Matthias der Frohpoet wurde 1978 geboren, gibt hauptberuflich Deutschunterricht und lebt ohne TV und ohne Alkohol in seiner Wahlheimat Spanien. Seine Gedichte und kleinen Geschichten entstehen zumeist in Alltagsmomenten innerer Einkehr und Stille. Dann öffnet sich der Zugang zur Quelle der Inspiration, und die Worte beginnen zu fließen.

Bevorzugte Themen des Frohpoeten sind Selbsterkenntnis mit der damit verbundenen Bewusstseinserweiterung und das Schauen über den gesellschaftlichen Tellerrand. Die meisten der empfangenen Gedichte sind auf Deutsch, weitere entstehen auf Englisch und Spanisch.

Im Fokus des Autors ist immer wieder der eigene Herzensfrieden, welcher beim Individuum selbst beginnt, um sich dann in der Welt fortzupflanzen. Bei diesem inneren Prozess des Wachstums geschieht es oft, dass sich antrainierte Glaubensmuster und Konditionierungen als nicht mehr dienlich erweisen. Dies ist immer dann der Fall, wenn sie nicht in eine Welt passen, in welcher die seelische Weiterentwicklung des Menschen hin zu einem wertschätzenden, liebevollen und alles Leben fördernden Miteinander im Vordergrund steht.

Dabei geht der Frohpoet selbst durch innere Krisen und leistet begeistert die damit verbundene Selbsterkenntnis- und innere Heilungsarbeit. Denn möglicherweise ist das in uns Menschen angelegte Potenzial viel größer, als es derzeit für gewöhnlich in der Alltagswelt vermittelt wird.

Eventuell wird bald offenbar werden, wie sich die Menschheit jetzt schrittweise, von der Geistigen Welt liebevoll unterstützt und geführt, hin zu einer höheren Reife und damit zur Entfaltung eines in ihr angelegten Potenzials entwickelt, was in Johannes 14:12 bereits angedeutet ist.

Matthias der Frohpoet
März 2024

Bisherige Veröffentlichungen